며칠

덧칠

김몽선 시집

김몽선 시집

덧 칠

지은이 | 김몽선

초판 인쇄 | 2008년 7월 10일
초판 발행 | 2008년 7월 15일

펴낸이 | 신중현
펴낸곳 | 도서출판 학이사

등록번호 | 제346-2005-00017호
등록일자 | 2005. 6. 24
주소 | 대구광역시 중구 동산동 7번지
전화 | 053) 554-3431
팩스 | 053) 554-3433

ISBN 978-89-93280-00-5

* 잘못된 책은 바꾸어 드립니다.
*지은이와 협의하여 인지를 생략합니다.

저자연락처
대구광역시 수성구 만촌1동 670-27
전화 | 053) 755-4759

책머리에

문단 말석에 이름 올린 후
네 번째 외출이다.

조상의 귀한 문화 유산을
소중히 받드는 마음으로
정형의 시조 안에
현대의 복잡 다양한 일상 이미지들을
신선한 비유를 통해 공감의 폭이 넓게
형상화하려고 애써 왔다.
하지만 내 스스로
내 기대에 못 미치고 있음을 알고 있다.
어쩌면 나는 늘 울안의
목마른 짐승일 수밖에 없는지 모른다.

부족한 구석 감추고 싶지만
뜻대로 되지 않는다.
부끄러워도 생긴 대로 정성껏 다듬어서
세상에 내놓기로 한다

기꺼이 시집 출판을 맡아 주신
신중현 학이사 사장님께 감사 드린다.

                2008. 여름
                      만촌동에서 　김몽선

차 례

머리말　5
내 시의 고향　125

　제1부　널린 휴일 울안에는

커피를 마시며　12
저녁놀　13
잠들기 전　14
아침에 눈뜨면　15
늦은 밥상　16
가을을 걷다　17
가을 빗소리　18
단풍을 보며　19
비만　20
생일날 아침에　21
편지　22
채송화　23
차마 어인 생각　24
꽃바구니　25
거울　26
금연　27
지하철　28
달이 따라와서　29
그리운 세상　30
상사화　31
자전거 생각　32

제2부 철드는 날의 휘파람

들꽃　34
모란꽃　35
지는 꽃　36
산길에는　37
석류를 따며　38
들국화　39
맨드라미　40
목화　41
꽃병 속의 장미　42
겨울 초입에　43
겨울 한낮　44
겨울 산정　45
얼레지　46
사랑이란　47
인연　48
푸나무는　49
세월　50
보름달　51
안부　52
문병　53
가는 길　54
하산 길　55
때가 있다　56

제3부 난장(亂場) 아래 깔린 희화(戲畵)

연날리기	58
새벽	59
풀뿌리	60
유월 풍경	61
땅굴 앞에서	62
폭염 유감	63
장미	64
걸레	65
고누	66
봉숭아	67
아낌없이 주는 나무에게	68
사랑 법	69
다시 밤에	70
응시	71
오월에	72
요즘 신문	73
새 풍속도	74
매화의 겨울	75
청보리 축제를 보며	76
빈말	77
남대문아 다시 서라	78

제4부 집 떠나 낯선 영혼

앞산에 올라 80
오감한 입석 81
동성로에는 82
대구역 83
금호강은 84
비 오는 날의 풍경 85
경주 남산 86
회룡포 87
청령포에서 88
천성산 원효암 89
남해 금산을 오르며 90
목화 시배지(始培地)는 91
섬진강의 봄 92
의림지 소나무 93
서해 일몰 94
평화의 댐 95
울릉도에 가면 96
낯선 날의 2박 3일 97
황하에 와서 98
공자 고향 99
태산에 올라 100
남국의 밤 101

제5부 동심을 찾아

소나무 104
2월 105
매화꽃 106
새봄에 107
3월 108
우리 집 109
꿈 110
초롱꽃 111
골목길 112
단오 113
장대비 114
소나기 뒤 115
가물 때면 116
달맞이꽃 117
사루비아 118
시골에는 119
바람 120
책을 읽으며 121
지우개 122
독도 123
새벽 등산 124

제1부
널린 휴일 울안에는

커피를 마시며
저녁놀
잠들기 전
아침에 눈뜨면
늦은 밥상
가을을 걷다
가을 빗소리
단풍을 보며
비만
생일날 아침에
편지
채송화
차마 어인 생각
꽃바구니
거울
금연
지하철
달이 따라와서
그리운 세상
상사화
자전거 생각

커피를 마시며

바투 잡혀 곤한 하루
커피 향에 풀어내면

석양빛 화장하고
감잎 위에 뜨는 여백

짬짬이 가위눌린 별
미리 앓는 달무리.

먼지 같은 시간들이
어눌한 눈 밀쳐 두고

닦아도 닦이잖는
녹이 되어 일어선다.

구릿빛 눈물로 받든
겨운 날의 심호흡.

저녁놀

만추 맑은 저녁놀은
황진이의 치맛자락

한 생애 달군 열정
갈증으로 걸어 두면

은발도
황홀한 몸짓
눈시울이 붉게 탄다.

잠들기 전

해도 달도 모두 끄고
모아 눕힌 한 점 하루

노점 같은 기억 속을
철거하며 짓는 헛장

블랙홀
초 광속으로
빠져 나갈 묵상이다.

아침에 눈뜨면

눈부신 신태양은

밤새 지은 집을 헐고

서릿발 빈터 위에

주춧돌만 닦고 있다.

직조(織造)된

첨단 여백에

흙벽 초가 꿈자리.

늦은 밥상

숙취를 끌어안고
고개 숙인 아침 밥상

바람들어 와자해도
필경은 홀로 갓길

그 무슨
죄업을 마셔
이리 속이 시릴까.

가을을 걷다

귀밑 솜털 뽀얀 봄을
에둘러 스쳐간 듯

불볕 아래 지친 사지(四肢)
비바람에 몸살 앓다

비워서
살찌는 가을
다시 살펴 걷고 있다.

버성긴 포도(鋪道) 위에
주저앉은 생활 잔해

조심스레 밟아 가는
마른 날의 야윈 기억

비우면
공명(共鳴)의 가을
귀를 세워 걷고 있다.

가을 빗소리

가을 어귀 빗소리는
잔명(殘命) 문득 일깨운다.

가쁜 숨 쫓긴 삶에
녹색불이 껌벅이면

환승역
누구도 낯선
먼 갈림의 사랑 연습.

단풍을 보며

서리 맞고 숨통 조여
핏발 선 가을 산에

고별 무대 불귀의 춤
햇발 꿰어 걸었구나.

한 치 삶
지켜 온 묵시(默示)
외려 고와 아려라.

비 만

한겨울 방심 속 빙점 아래 살아 남은

초롱꽃 허기진 몸 사랑 듬뿍 쏟았더니

게으른 씨받이 꽃대

잎만 잔뜩 비만이다.

엉거주춤 사는 쪽박 긴 하루 짧은 세세(歲歲)

널린 휴일 울안에는 잡념들만 얼려 논다.

사유(思惟)도 초롱꽃인가

김만 자란 내 시전(詩田).

생일날 아침에

출구 없던 고얀 시절
오포(午砲) 타고 내린 끝물

꺾인 관절 옹이마다
곁방살이 혀를 물고

눈발도
꽃으로 받아
고대했던 봄이었다.

조금은 철든 가지
꽃을 안고 촛불 들고

서리 내린 머리맡에
계면쩍게 그린 그림

끌고 온
외발손수레
예서 길이 나나 보다.

편 지

오엽송 새순맡에 매달려 조는 고향
오월 모란 붉은 그늘 피사리로 입하 들면
볕살도 비켜선 뒤란
장독 닦던 어머니께.

어제는 장마처럼 빗발 길던 늦봄 너머
모를 쪄서 이앙(移秧)하듯 떠나 보낸 피붙이들
빈 사랑 이마에 얹고
돌아서서 어머니께.

때깔 고운 단풍 그도 떠날 즘엔 철이 들어
깊은 겨울 나목으로 훌훌 털고 서야지요.
불가(佛家)의 윤회(輪廻)를 업고
백지 편지 띄웁니다.

채송화

어머니가 웃고 있다.
잊은 듯 내 뜨락에

작아도 질긴 목숨
척박한 땅 부여안고

꽃물 든
방물 바구니
햇살 속에 날고 있다.

가물도 족히 품어
낯빛 환한 한 짐 모정(母情)

절망도 헐벗음도
족두리로 씌워 놓고

그 먼길
돌아 돌아서
어머니가 웃고 있다.

차마 어인 생각

차마 어인 생각일까.
저승에는 일월(日月) 없어

서른여덟 아버지와
예순셋의 어머니가

몰라라
여든의 아들
치매처럼 만난다면.

꽃바구니

딸애 손에 들려 왔다.
어릿광대 꽃바구니

땡볕 세월 헤쳐 살던
제 어미 외진 생신

석류 알
맑혀든 추녀
주름 환한 달도 뜬다.

거 울

진정 보면 볼수록 모를 것 같은 얼굴

흰 머리 사이사이 배어나는 연민들이

마주한 눈언저리에 가을비로 내린다.

거울도 나이 들면 속임수를 아는 건지

덧칠한 생각까지 점점이 티를 낸다.

참모습 아슴푸레한 녹슨 날의 흰소리.

금 연

그제 훌쩍
금실 접고

당신 앞에
던진 결별

한숨마다
다진 덧정

연막 찢어
거덜날까.

돌아올
그대는 탕자(蕩子)
쓰나미로 오는 손짓.

지하철

지하철 타러 간다.
아득한 땅속 세상

공짜에 선 심장
경로 우대 앞에 섰다.

봅시다.
주민등록증
손 내미는 이가 없다.

달이 따라와서

밤 열차를 탔습니다.
달이 따라왔습니다.

한참을 가다 봐도
자꾸 따라왔습니다.

나에게
남은 것이라곤
백지 수표 한 장 뿐.

역사(驛舍)를 빠져 나와
외진 둥지 골목길에

달은 묵묵 소매 뿌려
검은 장막 걷어 주데.

근시안(近視眼)
뒤집힌 생각
부끄러울 뿐입니다.

그리운 세상

다시 사는 기쁨으로
어둠 쓸며 걷는 새벽

눈썹달 실눈 웃음
풀벌레들 이른 마중

잃은 듯
그리운 세상
여기 살고 있었네.

얕은 골 거적 농막
안개서껀 수탉 울음

스러지는 별빛 모아
메꽃 품에 분홍 연서(戀書)

유년(幼年)을
되감아 푼 듯
고향 젯밥 맛이 돈다.

상사화(相思花)

그릴 수 없는 당신 등을 지고 굵은 일생
전생에 덧난 업이 낮별처럼 숨을 죽여
열어도 잡지 못하는 우린 영영 배은(背恩)일까.

남남인양 가고 오는 저 모진 무위(無爲)지만
나 보기엔 학의 목에 꽃가마로 앉힌 상사
아마도 하늘과 바다 수평선서 만날 것 같은.

성긴 뜰에 까만 휘장 꿈길 빤한 잠을 건너
상기 남아 가문 살내 흙비로 뿌려 놓고
어딜까 아득한 본향 동전 양면 같은 우린.

자전거 생각

비틀비틀 두 바퀴
페달에 힘 실으면

쓰러질 듯 등허리가
식은땀에 절었었지.

없는 듯
잡아 줬던 손
그건 바로 나였다.

한치 앞 염(念)도 사치
비걱대는 안장이야

벅찬 핸들 꺾고 돌려
미련 끝에 나선 미로

아직 난
키 낮은 주목(朱木)
바퀴살에 감긴 일상.

제2부
철드는 날의 휘파람

들꽃
모란꽃
지는 꽃
산길에는
석류를 따며
들국화
맨드라미
목화
꽃병 속의 장미
겨울 초입에
겨울 한낮
겨울 산정
얼레지
사랑이란
인연
푸나무는
세월
보름달
안부
문병
가는 길
하산 길
때가 있다

들 꽃

쳇바퀴로 오는 봄은
우듬지에 반짝이다

삭아 온통 내려앉은
해거름 속 황사 벌판

그 어름
울대를 세워
깃발 꽂는 솟대쟁이.

모란꽃

너울너울 홀린 맵시

진분홍 스란치마

어느 대가(大家) 별당 규수

뭇 사모를 받아 안고

불타던

비운(悲運)의 사랑

다시 피는 혈흔(血痕)인가.

지는 꽃

빌고 빌어 왔다가도
가는 날은 덧없어라.

문명(文名) 높이 펄럭이며
어깨 으쓱 누린 한철

이우는
절정의 순간
신록 아래 접는 날개.

산길에는

절로 나서 절로 피는
자줏빛 오랑캐꽃

참회하듯 다소곳이
세월 돌려 세우는데

넉넉히
사태(沙汰)진 봉분
고개 갸웃 물음표다.

햇살 자아 봄을 짜는
대덕산 언저리에

켜켜이 쌓인 삶들
푸지게도 떨던 청승

하얗게
땟물을 벗고
아카시아 꽃이 됐네.

석류를 따며

빨간 석류 파란 하늘
그 사이로 손뻗치면

뵐 듯 말 듯 저린 속내
새콤하게 젖어든다.

한여름 따가운 눈총
안고 모아 삭인 가을.

주홍색 별을 달고
장군처럼 우뚝 서서

그 호기 내민 배짱
가뭄마저 조아리던

남창 밖 붉은 유리알
입술 새로 내민 추정(秋情).

들국화

연자주 섶을 대어
서그러운 시골 아낙

외딴 산길 쑥부쟁이
실향 어귀 열고 섰다.

벗어라
무거운 일상
속삭이는 가을바람.

파르랗게 하얀 자태
집착 벗은 구절초는

억새 서리 저만치에
비낀 석양 줍고 앉아

마주할
영하의 대춘(待春)
눈썹 세워 당당하다.

맨드라미

양명(揚名)도 미색(美色)도
관심 밖에 홀로 서서

우는 하늘 미친 바람
온몸으로 받아 내며

주어진 삶의 속살을
무욕으로 채웠다.

초가을 새벽길에
문득 내건 진홍 벼슬

눈길 아니 주던 길손
건방 피운 콧대 위로

층층이 타오르는 불꽃
연륜 깊은 속을 뵌다.

목 화

꿈길로나 올 것 같은
질긴 인연 풀어내며

우윳빛 잠옷으로
깨어나는 맑은 아미(蛾眉)

목타는
뙤약 담금질
웃음으로 품었다.

잠시 철든 볼을 살짝
숨죽여 붉힌 순애(殉愛)

한복 여인 말기처럼
팽팽하게 동이더니

매정한
배반의 계절
가슴 열어 맞는다.

꽃병 속의 장미

꺾인 줄기 살몃살몃
빠져나간 시간 뒤에

빨간 꽃잎 바작바작
애가 타서 생기 접고

남은 건
성하(盛夏)의 잔영
생머리 곱던 당신.

겨울 초입(初入)에

아마도

내일쯤은

무서리가 올 것 같다.

가뭄 끝

내린 단비

늦가을 멱살잡이

씨 한 알

혹한에 묻고

죽은 척도 해야지.

겨울 한낮

언 해가 쏟아 놓은
각혈(咯血)의 비탈길은

섬뜩한 머리맡에
참선 같은 텅 빈 무료(無聊)

공들여
얽어 논 하늘
거미줄도 하릴없다.

겨울 산정(山頂)

어둠 한 발 번뇌 한 발
등불 이고 면벽(面壁) 두 발

새벽별 지샌 밤이
청옥인양 퍽도 맑아

합장에 부린 소망을
읊지 차마 못한다.

밝그레 동녘 하늘
장막 걷고 눈을 뜨면

맨몸 입은 상고대는
어린 설빔 은빛 박수

팍팍한 우리네 가면(假面)
벗어 빛나 보일까.

얼레지

깊은 산골 바위너설 살을 에며 견딘 북풍

눈[雪]물 씻고 봄을 맞는 외론 자매 얼레지 꽃

자홍색 옷깃을 헤쳐

겹겹 한을 풀어낸다.

행여 누가 찾으실까 설렘 안고 턱을 괴면

기억도 가물가물 스러지는 아지랑이

산마을 애애한 혼례

홀기(笏記) 소리 들려 올까.

사랑이란

눈빛을 응시하라
믿음이 보이는가.

내 가슴을 열어 보라
무욕이 숨쉬는가.

사랑은
믿음의 텃밭
무욕으로 익는 열매.

인 연

금을 그어 우리 사이
끊을 수도 있겠지만

선을 그려 우리 사이
이을 수도 있지 않니.

길 뜨면
미움도 사랑
가슴 우는 요령 소리.

푸나무는

푸나무는 말이 없다.
너그러운 몸짓일 뿐

폭우로는 목욕재계
태풍에도 춤을 춘다.

뭇 영욕(榮辱) 안으로 감아
따로 없는 안팎 명암.

푸나무는 욕심 없다.
비운 만큼 채워 둘 뿐

무용물의 유용성을
알아차린 성인(聖人)처럼

늘 빈손 넉넉한 시공(時空)
인간사를 꿰고 있다.

세 월

기다림은
함박눈발

소복소복
쌓이는데

한달을 헐어 놓고
돌아서면 다시 새달

멈춘 듯
구르는 세월
시위 당겨 떨고 있다.

보름달

보름달서 보았네.
사느래진 아랫목을

흘러가는 구름 사이
눈물 젖어 곱던 시름

모처럼
궂아도 기쁜
새가슴에 군불 넣네.

안 부

갇혀 살던 까만 교복 그때도 그랬지만
휴전선 초병 시절 임진강변 우린 형제
혀끝에 감도는 주향(酒香)
젊은 우정 어린 호기(豪氣).

연인도 아닌 것이 봉한 편진 그리 많아
무시로 펑퍼짐한 오해 자주 받아 업고
눙치며 숨겨 논 여인
광대로는 뜨악했지.

친구야 뭐 하니 흐린 눈에 가을걷이
기운 밤 불면의 뜰 휘파람만 외로 살데
가뭇한 기억을 살려
대문 살짝 열어 봐.

문 병

우리 삶은 수레바퀴
이, 저승은 그 위 한 점

또 다른 시작일까
애연한 눈 감춰 두고

궁색한
가봉(假縫)의 언어
날름대는 나는 혀다.

한치 앞 깊은 벼랑
숨돌릴 틈도 잠시

건듯 불어 흩날릴 날
도마 위에 누웠는데

앵둣빛
윤나는 빈말
속눈물을 포장한다.

가는 길

늦잡죄어 찾아왔다.
뜬금없는 부고(訃告) 한 통

목숨 벗어 입은 자유
하얀 국화 치장하고

갈림길 환생의 재배
체면 위에 노자 몇 푼.

콩 서리에 갈비 한 짐
먼 가난도 아름다워

백발의 할미꽃이
봄을 울어 배웅하는

두어 평 지하 단칸방
무허간들 어떠랴.

하산 길

오르는 정상마다
높낮이가 낯설지만

헐떡이는 목마름은
등짐 아래 하나같다.

망망(茫茫)히
만나는 일몰(日沒)
하산 길에 시린 이마.

때가 있다

지조 높은 우리네 솔
사철 청청(靑靑) 서 있어도

눈물 졸인 관솔 있다.
남몰래 삼킨 고뇌

해와 달 열고 닫아야
세월도 가는 것을.

시간을 재단하던
옛 성내 파루처럼

오고 갈 시공(時空) 있다.
목숨도 세상일도

때로는 눈감아야 할
희붐한 먼동 별빛.

제3부

난장(亂場) 아래 깔린 희화(戲畵)

연날리기
새벽
풀뿌리
유월 풍경
땅굴 앞에서
폭염 유감
장미
걸레
고누
봉숭아
아낌없이 주는 나무에게
사랑 법
다시 밤에
응시
오월에
요즘 신문
새 풍속도
매화의 겨울
청보리 축제를 보며
빈말
남대문아 다시 서라

연날리기

찢어질듯 된바람에
명줄 달랑 달아 놓고

한량(閑良)처럼 살고 싶다.
내 품 벗어 살 수 없다.

너와 나
팽팽한 시선
낚대 끝에 입질 그 맛.

풀고 당겨 어르면서
차올라라 솟구쳐라

풍향을 가늠하며
어우러진 동천(冬天) 아래

더러는
넘치는 사랑
목을 매고 뒹군다.

새 벽

과욕은 카멜레온 게걸음에 사시(斜視)까지
하루살이 삶을 넘어 오직 하나 향한 불빛
뒤집혀 어지러운 세태
바퀴벌레 뱃살 본다.

기다 아니다 있다 없다
허언(虛言)으로 끓인 속내
풍화된 소망들을
쇄석(碎石)으로 흩어 놓고
도도한 독방의 가부좌
빛도 바랜 개살구다.

성형미가 자연미를 밟고 서는 새천년에
간판 하나 바꿔 달아 우러르는 별이 될까.
감감한 우민(愚民)의 새벽
장닭도 목이 쉰다.

풀뿌리

가문 하늘 쳐다보며
풀기 하나 없는 아양

풀 풀 풀 나는 먼지
눈만 가린 잔머리 위

겉멋 든
허연 풀뿌리
민초(民草) 위에 놀고 있다.

유월 풍경

비늘로 반짝이는
유월 잎새 살오르면

비릿한 코머리에
숙성(熟成)으로 앉는 바람

잊힐 듯 힘겹던 산하(山河)
참나리 꽃 넋이 곱다.

빗나간 후손들은
양란 속 숨긴 치매

전 땟국 야윈 몸짓
세상 여직 산란한데

지운 듯 지우지 못한
녹음 아래 바랜 혈흔(血痕).

땅굴 앞에서

인형처럼 움직이는
병사들의 어깨 위에

잊혀진 포화 덜미
절망 한 톨 앉았을까.

지금은
밟혀 울던 꽃
전설로만 남은 헌데.

분노도 세월 가면
연민으로 결이 삭듯

땅굴도 철 바뀌면
유적으로 팔릴 건가

뽑힐 날
가늠 못하는
우리 가슴 깊은 대못.

폭염 유감

쏟아지는
불볕 아래

구름마저
붉게 탄다.

민심은
가물 속에

재가 되어
날리는데

냉방 안
독선의 엄지
홀로 가는 저 길손.

장 미

해바라기 하고 있다.
한 송이 가을 장미

무서리 하늘 새로
어렵사리 눈을 맞춘

한 오리
실낱 같은 반역
역습을 떨고 있다.

걸 레

몹쓸 황사 쑥대밭에

구석구석 남은 흔적

구정물에 헹군 몸이

곤죽 되어 훔쳐낸다.

좌정(坐定)한

대인(大人)의 허물

걸레질로 지워 질까.

고 누

손금 같은 길을 찾다
손아귀에 갇힌 너는

진화를 거부하는
흑백 잔치 고집통이

그 어린
무소불위(無所不爲)가
자벌레로 곤두선다.

봉숭아

뜰 가득 선홍 꽃잎
여름날은 갑사댕기

더벅머리 마파람 속
씨방 톡톡 건드리면

먼 환후(患候)
노을빛 향수
환약으로 쏟아진다.

눈물로 어룽지던
봉숭아 토담 아래

널브러진 혼백들이
다시 일어 누비지만

그 고향
반달의 상심(傷心)
꽃물 아려 서러워라.

아낌없이 주는 나무에게

사랑이 넘칩니다.
아낌없이 주는 나무

염치를 벗깁니다.
하염없이 주는 은혜

마침내
이력(履歷) 난 백수(白手)
당당하게 받습니다.

사랑 법

퍼붓는 장대비는
사랑이 아닙니다.

마른 땅 힘든 푸새
퍼런 멍만 안깁니다.

쓸리는 황톳물 덮고
속은 그예 탑니다.

담담한 보슬비는
봄볕처럼 스밉니다.

절로 젖어 찡한 가슴
곤한 몸을 녹입니다.

숨죽여
가없는 사랑
온 누리 환합니다.

다시 밤에

망사 햇살 틈 사이로
땅거미가 스며들어

검은 시간 쌓일수록
칠성 더욱 부릅뜬다.

깨나라
용쓰는 성좌
말문 닫은 저 화상(畵像).

낮꿈도 화려한 날
밤은 다시 찾아와서

겨울 비에 흰옷자락
얼룩지고 있었네.

기침(起寢)해
돌아올 태양
꼽아 보는 열 손가락.

응 시(凝 視)

유혹의 겉멋들이 이마 위에 어른댄다.
환상 젖은 애젊은이 기울어진 잣대 너머
황금빛 눈부신 내일
신기루로 떠 있고.

후덕한 약골들은 화면 속을 헤어 나와
등 푸른 생선으로 건강을 뒤적인다.
비린내 그보다 더한
쉰 가슴에 피는 홀씨.

꼬부라진 백발들이 찌든 삶을 펼쳐 놓고
난전 하루 해 닳도록 눈꺼풀이 무겁단다.
몇 푼의 허기진 손길
초승달도 힘겨워.

오월에

오월은 초록 물결 고향길이 눈부신데
풍선처럼 부푼 나날 터져 아픈 짐도 있다.
새끼줄 굴비로 엮여 외로 갈 수 없는 우리.

소파 선생 그 시절엔 조국 품안 샛별이다가
하늘만큼 치켜세워 이미 오른 어린 상전(上典)
부추겨 들뜬 허사비 애늙은이로 앓고 있다.

그 부모에 그 자식은 그 뿌리에 그 열매다.
가슴 위 꽃 한 송이 그 하루가 뿌듯해도
한 세대 뒤돌아 가면 더러는 부끄러운.

옛 서당 훈장님 회초리 매운 사랑
요즘 학교 선생님 제자 눈치 재는 사랑
한 생애 품어 갈 스승 숨어 사는 세상이다.

요즘 신문

만삭(滿朔)으로 찾아 든다.
비루먹은 근황들이

걸신(乞神)으로 헤적이다
난장(亂場) 아래 깔린 희화(戲畵)

부황난
바람도 한몫
생사람을 들까불고.

무늬 앉은 방정이다.
갈피마다 퍼런 피멍

감당 못할 생채기에
곪아 터질 종기까지

또 하루
꼿꼿한 등살
구역질로 찍는 반점(半點).

새 풍속도

부산 바다 오륙도는
숨어 우는 사랑 노래

배반의 오륙도는
얼어 떠는 나목이어라.

쉰여섯
멀쩡한 장골(壯骨)
추슬러야 사는 이 땅.

매화의 겨울

허리 시린 세월 앞에 겨울 속의 매활 본다.

날이 퍼런 설한풍도 옷자락에 감싸 안고

다가올 개화의 그날 잠행(潛行)하고 있구나.

핍박(逼迫) 나날 쌓일수록 화색 더욱 도는 꽃눈

머리 풀고 방황하는 이 시대 바랜 민심

매화는 본보기 낸다. 인고 끝에 맞을 축제.

청보리 축제를 보며

얼어 터진 겨우살이
아는 이야 드물지만

구경감 청보리 밭
그 애련 열어 보면

들린다.
귀울음 노랗게
끼니 잃은 상여 소리.

가마솥 텅 빈 둘레
헛기침만 섰던 날은

허기 덮고 명줄 놓던
보릿고개 반세기 전

놀랍다
너무나 낯선
장밋빛의 저 무심(無心).

빈 말

입만 열면 거침없이

하늘 우러러 부끄럼 없다.

만장(滿場)하는 구린내 속

구관조가 되는 반도

윤동주

청절(淸絶)한 고뇌

천상에서 지을 실소(失笑).

남대문아 다시 서라

처마 고운 육백여 년 힘든 혼을 달랬는데
임진왜란 경인(庚寅) 남침 꿋꿋하게 버텼는데
이 무슨 생벼락인가
불길 속의 숭례문아.

조상을 메어치는 후레자식 보았는가?
이리 밝은 문명 세상 인간이길 포기한 날
뉘 감히 아픈 손가락
가리킬 이 있으랴.

숯등걸 아린 가슴 온 겨레 쓰린대도
우리 얼은 반만년 마디마디 청죽(靑竹)이다.
불끈 쥔 두 주먹 오기(傲氣)
남대문아 다시 서라.

제4부
집 떠나 낯선 영혼

앞산에 올라
오감한 입석
동성로에는
대구역
금호강은
비 오는 날의 풍경
경주 남산
회룡포
청령포에서
천성산 원효암
남해 금산을 오르며
목화 시배지(始培地)는
섬진강의 봄
의림지 소나무
서해 일몰
평화의 댐
울릉도에 가면
낯선 날의 2박 3일
황하에 와서
공자 고향
태산에 올라
남국의 밤

앞산에 올라

해진 시절 기워 가며
묵은 한숨 내뱉으며

너울너울 반지르르
아기 같은 떡갈잎에

이 하루
망각의 자유
볼 비비고 있었네.

조팝나무 하얀 손짓
귀향길로 들썩이고

송홧가루 폴싹폴싹
어린 날 뜀을 뛴다.

뻐꾸기
어혈진 울음
차꼬 벗는 살풀이.

오감한 입석(立席)

가고 오는 옛 철길
신사 단장 열차 안엔

향수(鄕愁) 같은 석탄 내음
갑년(甲年)으로 돌아오고

역마다
구뜰한 손님
초동(樵童) 시절 묻어오네.

몰라보게 할퀸 산하
그 울음 귀에 걸고

굽이도는 삶의 질곡(桎梏)
입석으로 갈무리면

여태도
오감한 자리
노루꼬리 명(命)을 잣네.

동성로에는

먼동 튼다. 해가 뜬다. 선남선녀 꽃이 핀다.
동쪽 성벽 헐린 자리 새 시대를 열던 몸짓
찬란한 달구벌 심장 목련 하얀 손뼉이다.

넘실댄다. 오색 물결 눈부시는 맵시 위에
땀방울은 진주 구슬 그대 위한 멋이 되고
빌딩 숲 가꾸는 사랑 부챗살로 퍼져 간다.

옷자락에 이는 단풍 책갈피도 잠을 깨어
주고받는 눈길마다 샘물이듯 솟는 내일
온 누리 안부를 물어 꽃구름이 날고 있다.

눈바람도 여기 들면 가마솥 열기 되고
자선냄비 열린 가슴 흥부네 꿈이 밝아
너와 나 두 손 모으면 봄 마중이 설렌다.

대구역

한국전 후 군내 가득
산발하던 기적 소리
대합실 빈손 인파
맞고 보낸 도회(都會) 관문
반세기 힘든 기지개
허리 펴는 민자 역사.

어깨띠 함성 속에
구국 깃발 높던 광장
붉은 벽돌 공회당도
시속(時俗) 따라 밀려나고
새 대구 천년을 여는
시그널로 우뚝 섰다.

금호강은

우레 함께 몰려오던
포연 속의 경인(庚寅) 여름

벌거벗은 강바닥에
흩어 널던 피난 인파

모질게
씻어 내린 한
다시 모아 울을 친다.

수많은 어진 죄인
품어 안고 울던 밤숲

마른 버짐 피는 물가
여뀌 잎은 그대론데

낡아도
성형의 시대
새물내가 흐른다.

비 오는 날의 풍경

운문 댐 굽이돌아 용머리 든 공암리에

할아버지 회초리로 빗발 좍좍 후려친다.

노송은 안개 한 자락 수염 끝에 드는 전설.

빽빽한 잣나무 숲 기슭 따라 합환화(合歡花)가

파문 속 오락가락 감긴 애환 풀고 있네.

젖어 핀 수묵화 한 장 고향길이 잠겨 있다.

경주 남산

신라 석공 정 소리가
그 먼 날 돌아 나와

암벽 새긴 말씀들을
모셔 내는 순간 순간

세속에 주름진 자비
맨몸 참꽃 부끄럽다.

불감청(不敢請)도 어루만져
삼배(三拜) 앞에 걸린 염주

서라벌 긴 잠 흔들
풍경 낭랑 일어서면

남산은 꽃무늬 가사(袈裟)
돌마다 진언(眞言)이다.

회룡포

산봉(山峯) 얼러 어깨 겯고
복을 빌어 에운 자리

드는 물길 낚아채어
빙그르르 휘감더니

까발려
눈꼴신 세상
둘러막고 있었네.

은빛 모래 청간수(淸澗水)가
간난(艱難)마저 얼싸안고

자글자글 토장 끓듯
이마 맞댄 텃밭 남새

회룡포
한 폭 수채화
붓질 아래 정이 곱다.

청령포에서

통곡 아득 불러 세운
관음송 무릎 아래

풀꽃은 피고 지고
수백 년을 앓았는데

사악한
저 핏주머니는
목선 너머 당당하다.

천성산 원효암

봄을 찾아 알몸뚱이
독경으로 하룰 여는

천성산 높은 골
햇살 고운 원효암이

힘겹게
지고 온 내일
받아 재고 있었다.

짬만 나면 버릇처럼
쌓아 올린 모래성이

이빨 허연 파도 앞에
지레 놀라 엎어져도

비는 손
마냥 철부지
부처님이 웃으신다.

남해 금산을 오르며

안개 속에 내비치는 벗어 일품 억센 뼈대
함께 젖어 뿌연 남해 발 아래 꿇앉히면
파도는 혀가 닳도록 질긴 악연 핥아 낸다.

무한 첩첩 두른 세월 말씀으로 입힌 비단
남루의 시린 중생 여기 들면 극락일까.
봄 트는 보리암 벼랑 구름 위엔 푸른 바람.

목화 시배지(始培地)는

성긴 입성 떨던 조상(祖上)
다래 송이 벌던 날이

육백여 년 도투마리
날줄로 감기더니

오늘은 목화밭 한 뙈기
한숨 덮고 누워 있다.

한적한 시배지엔
할 일 잃은 씨아 물레

역사도 훌훌 벗어
헐렁한 신세대들

삼우당 무명 옷자락
빛 바래는 세월 끝동.

섬진강의 봄

남녘 옥빛 치맛자락 연정 가득 펄럭이며
겨울잠 둘둘 걷어 북향 길섶 밀어 두고
작설차
아슴푸레한 언덕
언 땅 헤쳐 꽃길 연다.

외진 응달 시린 등도 오는 철을 어쩔거나
생뚱같은 세상살이 꽃샘도 비켜서면
섬진강
찬란한 봄빛
물때썰때 맞춰 뜬다.

의림지 소나무

호서(湖西)의 단초가 된
의림지 둑길에는

훤칠하게 먼 내력
감아 두른 솔이 있다.

농사일 촘촘히 누빈
남정네의 굵은 힘줄.

아름드리 몸피하며
넉넉하게 펼친 사려(思慮)

못물도 정좌(靜坐)하고
잠긴 멋을 우려내면

소나문 청빈한 선비
수묵화로 태어난다.

서해 일몰

주황 커튼 조명등이
졸고 있는 꽃지 해변

되만남을 등에 지고
금빛 넘실 이별 연습

눈물도
이럴 즈음엔
활짝 웃는 해당화다.

평화의 댐

산이 산을 업고 사는 강원 화천 평화의 댐

헐린 허리 틈틈이 힘든 미소 작은 풀꽃

그 속속(續續) 내밀한 바람

찢어발긴 우린 죄인.

닳을 대로 닳은 평화 모진 매를 참아 내고

가당찮은 불신 앞에 손사래를 치고 있다.

비목도 고개 떨군 채

굉음 안고 다시 운다.

울릉도에 가면

동해 푸른 파도 저어 울릉도에 올라 보면
깎아지른 절벽 저 위 천년 묵은 향나무가
뼛가루 바람에 날던 잿빛 연륜 풀어낸다.

어둔 세월 틀어 안고 외딴 섬 터를 잡아
한 핏줄 스러지는 가슴앓이 멍들더니
고향도 수평선 너머 넋을 잃고 눈감았다.

동백꽃에 눈물 기약 뭍으로 간 곱던 청상(靑孀)
진부령 하늘 위로 얼을 놓던 그해 여름
이제는 돌아 못 올 당신 명이 잎에 듣는 빗물.

낯선 날의 2박 3일

쌍 날개를 달았다. 낯선 날의 2박 3일
떠밀려 굴러가는 손수레가 낳은 여백
마라도 한 장 연잎 위
인당수가 출렁인다.

빌린 생애 빌려 탄 차 빚의 무게 가늠하며
지난 날 내 몫처럼 해무(海霧) 속을 뚫고 간다.
폭포는 짱짱한 웃음
죄밑마저 걷어 주고.

좁은 듯 너른 산록 훤히 열린 해안 도로
불을 뿜던 먼 기개 용머리를 품은 해녀
좌판엔 할복할 해삼
이승 업을 닦고 있다.

황하에 와서

거대하게 드러누워
어지러운 황하 주변

인적 드문 지평 온통
수염 마른 옥수수 밭

수천 년 밝히던 불빛
헐벗어 앉고 서고.

바람 타고 일어나는
황사 먼지 아득한데

그 끝에 따라오는
빗발 굵은 노나라는

이제 막 선잠 흔들며
새벽빛을 맞고 있다.

공자 고향

(1) 공부(孔府)

산동성 곡부(曲埠)에는 공자 고향 살고 있다.
먼 세월 공씨 가문 지켜 내린 굵은 지주(支柱)
되돌아 수많은 발길 옛 영화로 설레인다.

(2) 공묘(孔廟)

황제도 고개 숙여 황금기와 올린 사당
중원(中原)을 시공(時空)으로
꿰어 깁던 인류의 날
대성전 닳은 돌기둥
용틀임도 만만디(慢慢的)다.

(3) 공림(孔林)

중용으로 버티어 온 측백나무 긴긴 열병(閱兵)
이마 빛난 공손(孔孫)들은
묘비 위로 뜨는 신월(新月)
공산(共産)의 남루한 바람 비켜 앉아 창연하다.

태산에 올라

산동성 태안의
중화 으뜸 태산 길은
칠천 사백 열두 계단
바위마다 명인명구(名人名句)
옥황정 거느린 사해(四海)
인걸(人桀) 섶만 넉넉하다.

동쪽 황해 북녘 황하
그 모두를 어우르고
바글바글 끓는 민심
깎고 갈아 자연 빗돌
뭇 소망 가득한 성산(聖山)
높다고만 못하겠네.

남국의 밤

기창(機窓) 밖 밤하늘엔
눈물 자국 반짝인다.

남십자성 낯선 별빛
어머닌 양 우러르며

질식한
조국에 깔려
이슬처럼 스러진 님.

초승 같은 그믐달이
외로이 뜬 남쪽 나라

그리운 북두성은
밀림 멀리 잠겼거니

꺼억꺽
깡마른 가슴
오늘 여기 동이 튼다.

제5부
동심을 찾아

소나무
2월
매화꽃
새봄에
3월
우리 집
꿈
초롱꽃
골목길
단오
장대비
소나기 뒤
가물 때면
달맞이꽃
사루비아
시골에는
바람
책을 읽으며
지우개
독도
새벽 등산

소나무

벼랑 끝 늠름하게
휘파람 불며 버틴

소나무는 등 굽어도
사철 푸른 바람이지.

한 아름
빈 하늘 안고
툭툭 털며 살라 한다.

눈을 들면 한 폭 산수
귀를 열면 낭랑한 시

비바람 눈보라도
바다처럼 거느리고

보아라
칼날 같은 얼
솔잎 새로 빛난다.

2 월

모두 떠난 가지마다
얼어 붉은 꽃눈들이

따순 볕살 받아 모아
봄을 한창 짓고 있다.

새 학년
부푼 가슴엔
나비 벌써 날고 있고.

매화꽃

먼산 녹아
흐르는 봄

눈을 살폿
뜨다가는

부신 햇살
재채기에

콧물 어룽
재롱둥이

뽀야니
살가운 웃음
첫돌바기 아기 같다.

새봄에

아지랑이 모락모락
늦겨울이 타고 있다.

탄 자리 헤집고서
고개 내민 꽃다지야

트는 움
내 마음 속엔
무슨 꽃을 피울까.

3 월

금빛 봄볕 한 자락에
하늘 녹고 바람 녹고

온 삼동 불 지피던
진달래 꽃봉오리

톡 톡 톡
아직은 빈 산
먼저 나와 볼 붉힌다.

우리 집

우리 엄마
잔소리
묵은 김치
새콤한 맛

우리 아빠
깊은 눈빛
붕어빵
달콤한 맛

그 틈새
우리 오누이
재롱 굿이 한판이다.

꿈

꿈을 꾼다.

새벽 잠 속

절벽 앞에

밀린 순간

저린 오금

소스라쳐

눈을 뜨면

키가 큰대.

누굴까

내 머리맡에

그 꿈 놓고 간 사람은.

초롱꽃

외딴 섬 어스름에

하얀 초롱 밝혀 들고

아득한 수평선 밖

뭍에 가신 엄마 마중

들릴까

뱃고동 소리

귀를 활짝 열고 섰다.

골목길

조막만한 발소리들
종달새로 노래하면

마음 예쁜 라일락이
보라 향기 뿌려 주고

전봇대
술래로 섰던
골목길은 신이 났지.

애들아 어디 있니?
모두 나와 옛날 가자.

블록 틈새 민들레도
담장 너머 장미꽃도

휑한 눈
넓은 골목길
가물가물 심심하대.

단 오

달님 보고 날을 헤는
초여름 단옷날은

그네 위 쪽빛 하늘
반겨 품어 풀물 들고

샅바에
구릿빛 얼굴
모래판도 풍년이다.

오월 하고 초닷새
창포물이 파르랗다.

감은 머리 씻은 몸에
배달겨레 들꽃 향내

더위도
비켜 갈 부채
입맛 나는 수리취떡.

장대비

하늘이 화를 내면
회초리로 내리친다.

생각이 삐뚤삐뚤
하는 짓도 울퉁불퉁

때로는 무서운 매 끝
가문 맘도 달래 가며.

먹구름 줄줄 뽑아
천둥 함께 혼을 낸다.

터전 빌려 사는 주제
제멋대로 휘젓기냐?

어문 게 욕심은 많아
돌아서면 금방 잊고.

소나기 뒤

세상이 무너질까 소나기 쏟아진 뒤

그리 울던 먹구름도 가슴 후련 열어 놓고

지워진 화장을 고쳐 다소곳한 백일홍.

긴 투정 접고 나면 계면쩍은 아이처럼

해를 등진 잔 울음 끝 색색 천을 걸어놓고

보조개 보조개마다 내려앉은 푸른 하늘.

가물 때면

빗방울이 호드득
오다 말다 오다 말다

허기진 논바닥이
하늘 향해 입 벌린다.

젖감질
어린 벼포기
새들새들 보채나 보다.

* 젖감질: 젖이 모자라서 생기는 젖먹이의 병

달맞이꽃

온종일 시무룩한 그 얼굴이 심심해서

별님들 찾아오는 밤하늘을 그리다가

돌아와 환하게 웃는 늦은 아빠 사랑일까.

어쩌다가 보름달이 대낮처럼 밝아와도

목덜미 그늘쯤은 깔고 앉아 사는 엄마

동그란 꽃무리 위에 무지개도 세운다.

사루비아

들깨 닮은 사루비아

초가을의 붉은 악마

꽃밭 가득 초롱초롱

웃음꽃을 달고 서서

신나는

필승 코리아

소리 없이 춤을 춘다.

시골에는

이맘때쯤 시골에는
바지랑대 꼭대기 위

잠자리 간들간들
박 여물라 속삭이고

댑싸리
탐스런 텃밭
할매 등에 조는 햇살.

바 람

샛노란 은행 잎에
그네 뛰며 놀던 바람

뜰 앞의 빨간 감을
요리조리 흔들다가

책 읽는
내 창가에 와
같이 놀자 손짓한다.

높은 하늘 별빛 따라
동구 밖에 놀던 바람

갓 피어난 하얀 박꽃
분꽃 국화 눈맞추고

창 열린
내 방에 들러
은하 애기 들려준다.

책을 읽으며

내 손엔 흥부 놀부

잘 잘못을 달고 있다.

놀부 심술 무거워도

흥부 못남 가볍잖아

어느 쪽

기울까 말까

내 마음은 저울 추.

지우개

연필 끝에 매달려서
빗나간 생각 한 줄

"그럼 쓰나" 뒤따라와
서슴없이 밀어낸다.

삐뚠 짓
콕콕 찌르고
눈흘기는 친구처럼.

독 도

기가 찬다.
우리 막내

그게 어디
한번 두 번

동해 건너
섬나라

독도 보고
침 흘린다.

아서라.
떼를 쓴다고
우리 땅이 네 땅 되냐.

새벽 등산

새벽 산을 오르며
훠이훠이 잠 쫓는다.

허리 굽은 할아버지
겨운 걸음 함께 하며

산마루
숨을 고르면
안개 속에 조는 집들.

한밤 내내 땀 흘리며
동네 지킨 가로등불

껌벅껌벅 줄을 지어
눈썹 위에 매달린다.

지난 밤
하얗게 지샌
외로움을 아느냐고.

내/시/의/고/향

세월의 때를 벗기면

 나는 지금 신이 짜 주신, 신만이 아는 일정에 따라 지구를 방문 중이다.
 널린 휴일 울안에는 시간의 굴레를 벗어 환한 햇살이 황매화 꽃망울을 어루만지고 있다. 모진 세월 헤쳐 산 제 어미 생신의 축하 꽃바구니도, 저녁놀의 황홀함도, 잠들기 전의 공상도, 아침 눈뜨면 생각나는 밤새 지은 집도, 전날의 숙취를 끌어안고 받는 늦은 밥상도, 색색의 가을이 주는 의미도 모두 평범하지 않음을 발견한다. 변두리 내 시전(詩田)에는 김만 자라는가? 주어지는 시간과 의미 있는 사유는 반비례하는가? 사고의 고갈을 감지하고 있다. 문득 35년 전, 이 세상 방문 중 급거 귀향하신 어머니가 그리워진다. 아들 그리고

딸 둘 짝지워 보내고 나니 마음이 허해서 그런가 보다. 앞뜰에 나직이 핀 채송화가 어머니로 보이기도 하고 어머니를 찾아 갔을 때 나를 몰라보면 어찌할까? 쓸데없는 걱정도 한다. 요즘은 거울 보기가 겁난다. 거울도 나이 들어 내 속임수를 알 것 같아서다. 모질게 담배와의 금실을 접기도 하고 지하철 흰 토큰을 든 나에게 주민등록증 좀 보자는 이가 없음을 섭섭해 하기도 한다. 무서리가 내린 날 아침, 청초한 과꽃에서 어릴 적 추석 향을 맡는다. 이제는 밤에 달이 따라와도 괜히 걱정이다. 줄 것이 없다는 옹졸한 가슴 때문이다. 부담 없는 새벽 산책길은 또 다른 그리운 세상을 내게 열어 준다. 2군사 북쪽 울타리 따라 조성되고 있는 새 도로를 걸어 형제봉 발치에서 되돌아오는 길이다. 아직은 옛 시골 정경이 점점이 남아 있어 좋다. 초봄에 무성하게 자라 오르던 상사초는 다 말라버리고 한참 후에야 튼실한 꽃대를 세워 연보랏빛 꽃을 피우는 상사화가 애절하다. 갑자기 50여 년 전 자전거 배우던 생각이 난다. 참 겁도 많이 냈고 무릎도 꽤나 다쳤다. 중 2 때 대구 달성군청(지금의 대구백화점 자리) 앞을 지나 대구역까지 선생님의 자전거를 빌려 타고 간 기억을 마지막으로 오늘까지 타 본 적이 없다. 자전거와 내 삶을 오버랩 해 본다.

  철드는 날 휘파람을 불면 유독 많은 꽃들이 달려온다. 벌판에 깃발 꽂는 솟대쟁이 들꽃, 진분홍 스란치마 모란꽃, 하얗게 땟물 벗은 아카시아 꽃, 주홍색 별을 닮은 석류꽃, 서그러운 시골 아낙 쑥부쟁이, 층층이 타오르는 맨드라미 꽃, 우윳빛 잠옷으로 깨어나는 목화 꽃, 한때를 위해 잘려 꽂힌 꽃병 속의 장미, 북풍 자락을 도포처럼 입고 봄을 준비하는 동백 꽃봉오리 등 참으로 신선하게 새삼 나를 철들게 한다. 겨울 한낮은 무료하지만 새벽 팔공산 갓바위에서 희귀하게 만나는 상고대의 찬란함은 천상의 환희를 안겨 준다. 이른 봄 산자락 바위너설에 얼굴 내민 얼레지의 설렘이 전통 혼례식의 홀기 소리로 다가오기도 한다. 사랑은 믿음이 지켜 준다는 사실을 깨달은 지도 얼마 되지 않았다. 푸나무처럼 살기를 바라지만 마음대로 되지 않는 것이 우리 삶이다. 모처럼 세월은 질펀하다고 생각했는데 한달을 헐어 놓고 돌아서면 새달임을 바보처럼 깨닫는다. 도회에서 보는 보름달은 그 느낌이 색다르다. 그 속에는 어린 시절 눈물도, 그리운 친구 얼굴도 보인다. 회생 가망 없는 사람의 문병은 처연하다. 선의의 거짓말을 늘어놓아야 하는 입이 원망스러울 뿐이다. 목숨 벗어 얻은 자유로 훨훨 날아오르는 향연 앞에 남은 사람들은 체면의 노자 몇 푼과 재배로 간단히 이별한다. 그러나 그는 한 푼도 가져 가지 못한다. 빈손으로 와서 빈손으로 가는 삶의 이치가 확연히 눈에 보이는 순간이다. 모든 일은 때가 있다.

  난장 아래 깔린 희화 안에는 넘치는 사랑에 자식

을 빠뜨려 허우적이게 하는 부모도, 수많은 사람들의 원망을 뻔뻔스레 밟고 가는 지도층도, 민초 위에 군림하는 풀뿌리도 있다. 인간의 바른 도리, 양심 그리고 규칙과 법에 따른 질서가 유지되지 못하는 사회 구석구석의 모습은 참담함과 부글부글 끓는 분노로 차마 바로 듣고 볼 수가 없다. 유월이면 1950년 6.25 그 피비린내 나던 북한 공산군 남침의 만행을 떠올린다. 우리 오늘의 이 풍요는 자유 민주주의가 위태로웠을 때 함께 싸워 준 세계 16개국 장병들과 우리나라 국군 장병들의 거룩한 희생 위에 이루어졌다는 사실을 잊지 말아야 한다. 냉방 안에 갇혀 사는 사람들은 한여름 불볕더위에 목타는 서민들의 짜디짠 땀방울을 맛보지 못한다. 걸레는 빨아도 행주가 되지 못한다. 바른 말 해 놓고도 떨어야 하는 역습의, 지나친 집착으로 오히려 적중을 놓쳐버리는 허망함의, 흑백 잔치에 놀아남의 시대가 역력하다. 지나침은 모자람만 못하다는 진리를 잊고 사는 사람들의 '넘치는 사랑', '한없는 은혜'는 결국 이력 난 백수를 만들고 만다. 사랑에도 법도가 있다. 소나기 사랑은 독이다. 애증도, 유행도, 권력도 돌고 돈다. 젊은이들의 신기루, 장년들의 건강 염려증, 노년의 허기가 우리 사회를 우울하게 만들고 있다. 가정의 달 오월, 껍데기는 화려하다. 그러나 친척간의 불화, 어린이, 학생들의 공부에의 얽매임, 그늘진 효도, 참 스승의 빈곤 등 우리 가슴을 답답하게 하는 요소들이 세균처럼 번지고 있다. 비루먹은 근황들이 만삭으로 쏟아지는 요즘이다. 단순한 구경거리에 돈만 벌면 된다는 각종 축제들이 범람하고 있다. 하늘 우러러 한 점 부끄럼 없다는 말을 입에 달고 다니는 건방진 인간들이 입맛을 도둑질해가는 세상이다. 6년간의 임진왜란에서도 경인년 6.25 3년여의 폐허화한 전쟁에서도 버텨온 우리 육백여 년 문화의 자존심, 숭례문이 무방비로 방치된 채 한 노인의 미친 손에 의해 불타 버렸다. 참으로 황당하다. 물질 만능에 사로잡혀 정서의 공황 상태에 이른 우리 모두의 탓이다. 다시 일어서야 한다. 참 인간 교육으로 먼 장래를 기약해야 한다.

　집 떠나 낯선 영혼은 새삼 새로움에 눈뜬다. 봄 앞산에 올라 보면 모든 것에서의 놓여남이 내가 얻는 남은 축복임을 실감한다. 시속 300km의 KTX가 달리는 철길에 아직도 완행(?) 열차가 달린다. 역마다 오르내리는 낯익은 것 같은 사람들이 정답다. 비록 입석이지만 오감하다는 생각을 한다. 대구에 살면서 정말 오랜만에 나가 보는 동성로에는 하늘 찌르는 젊음의 패기와 희망이 있다. 우뚝 선 대구 민자 역사는 반세기 전 흑백 필름으로 6년 기차 통학의 추억을 선물해 준다. 6.25 때의 금호강은 수많은 피난민들의 노숙지였고 당시 내 또래 어린 학생들의 노천 교실이기도 했지만 지금은 모두가 성형으로 몰라보게 되었다.

운문 댐의 물은 인근 주민들의 상수원이 되었지만 고향 잃은 수몰민들의 향수는 누구도 씻어 주지 못한다. 경주 남산에 가면 발 딛기가 송구스러울 만큼 온 천지가 유적이다. 신라 사람들의 숨결을 느낄 수 있어 반갑다. 예천 회룡포에는 신기한 지리적 형상이, 영월 청령포에는 단종의 애사가, 천성산 원효암에는 철부지도 어루만져 주시는 부처님이 있어 오만가지 생각에 젖게 한다. 남해 금산의 깊은 벼랑, 섬진강의 봄 풍경 또한 손뼉을 치게 한다. 문익점(호:삼우당) 선생이 중국에서 가져온 목화 씨를 처음 심어 재배한 목화 시배지는 그 역사적 큰 의미를 잃어 가고 있어 안타깝다. 우리나라에서 가장 오래된 제천 의림지 둑의 소나무는 그 기개가 드높고 서해 꽃지 해변의 장엄한 일몰은 일품이다. 화천 평화의 댐에서 분단의 뼈아픔을 삼키고 울릉도에서 부모님의 험난했던 일제 젊은 시절을 동영상으로 재현해 본다. 몇 번의 단체 여행으로 다녀오긴 했지만 둘만의 자유 분방한 제주도 곳곳 방문은 색다른 삶의 희열을 안겨 준다. 인류 고대 문명의 발상지 중국 황하, 공자 고향 곡부, 명산 태산을 돌아보며 동양 사상의 줄기를 더듬기도 하고 적도 남쪽으로 날아가는 비행기 창 밖, 처음 보는 남십자성에서 일제 징용으로 끌려가 희생된 우리 가까운 조상들의 명복도 빌어 본다.

　동심을 찾아 나선다. 아이들의 재잘거림이 사라

진 평일 오후의 골목은 무덤처럼 고요하다. 나이에 따라 각종 어린이 집, 학원에 가둬지기 때문이다. 언제쯤 그들에게 천진난만한 웃음과 신나는 놀이가 다시 돌아가게 될지 아득하기만 하다. 우리 눈으로 볼 수 없는 세월은 결국 구부러져서 원이 된다는, 그래서 시발(始發)과 종착(終着)이 한 점에서 만난다는 사실을 나 혼자만의 지극히 주관적 깨달음으로 가슴에 새겨 두기로 한다.

 지금까지 내 몸과 마음에 묻은 세월의 때를 벗기면 언젠가 있었을 내 순수의 모습을 되찾을 수 있을까? 부질없는 생각도 때로는 활력소가 된다는 억지를 부려 본다.